"Perfekte Kontrolle über alle Finger bei hohem Tempo bedarf einiger Stunden Arbeit."

"Geläufigkeit erfordert eine Mischung aus Kraft und Koordination: Beginne das Üben stets mit Aufwärmübungen, Tonleitern und Arpeggien."

“ Ein guter Pianist hört nie auf zu lernen und zu entdecken. Es ist hilfreich, so viel wie möglich über die Stücke, die Du gerade spielst, in Erfahrung zu bringen. ”

“ Diese Bilder vermitteln die ausdrucksvolle Stimmung zweier Stücke der Lektion *Charakter*. ”

"Musik berührt jeden. Musik macht uns reifer. Musik hat mein Leben verändert und macht mich als Person interessanter."

Inhalt

	Einleitung von Lang Lang	7
Lektion 1	Geläufigkeits-Training	9
	Präludium in c-Moll (J. S. Bach)	10
	Presto (Scarlatti)	12
	Bagatelle (Beethoven)	14
Lektion 2	Intuitives Pedalspiel	16
	Prélude in e-Moll (Chopin)	17
	Consolation (Mendelssohn)	18
	The Little Shepherd (Debussy)	20
Lektion 3	Den Anschlag verbessern	22
	Süß war die Melodie (Türk)	23
	Summertime (Gershwin)	24
	Arietta (Grieg)	26
Lektion 4	Phrasieren und Rubato	27
	Etüde in As-Dur (Heller)	28
	Miniatur in d-Moll (Gedike)	30
	Nocturne in d-Moll (Field)	32
Lektion 5	Charakter	35
	Der Sturm (Burgmüller)	36
	Eine Träne (Mussorgski)	38
	Herbstblätter (Rebikow)	40
Lektion 6	Verzierungen	42
	Etüde (Czerny)	43
	Menuett in F-Dur (J. C. F. Bach)	44
	The Fall of the Leafe (Peerson)	46
Lektion 7	Interpretation und Stil	47
	Fünf lustige Variationen (Kabalewski)	48
	Nocturne (Britten)	51
	Inanay Lullaby (Bullard)	54
Lektion 8	Vor Publikum spielen	56
	Rhapsodie (Bartók)	58
	Fantasie in d-Moll (Mozart)	61

Einleitung

Ich habe die Reihe *mastering the piano* in Zusammenarbeit mit *Faber Music* entwickelt, um Kinder und Jugendliche von heute für das Klavierspielen zu begeistern und sie zu inspirieren, stets mit Freude, Energie und Engagement zu spielen. Mit dieser Reihe möchte ich meine Leidenschaft für das Klavier, aber auch meine künstlerischen Werte und technischen Kenntnisse mit der nächsten Generation junger Pianisten teilen.

Es gibt kein Schnellverfahren, um ein guter Klavierspieler zu werden: Wer gut sein möchte, muss auch etwas dafür tun. Diese Ausgabe möchte jungen Klavierspielern Ratschläge, Hilfestellungen und vor allem das Verlangen vermitteln, dieses Ziel zu erreichen. In acht Lektionen erläutere ich zentrale klaviertechnische Fertigkeiten und gebe Ratschläge und Anregungen, um diese Herausforderungen zu meistern. Jede Lektion enthält technische Übungen, eine Etüde und zwei Spielstücke – hierfür habe ich beliebte Stücke europäischer Tradition, aber auch außergewöhnliche Arrangements meiner persönlichen Weltmusik-Highlights ausgewählt.

Diese Ausgabe ist keine Klavierschule und muss daher nicht von vorne bis hinten durchgearbeitet werden. Man kann sich einfach das herauspicken, was den individuellen Bedürfnissen entspricht, und die Lektionen in der dazu passenden Reihenfolge in Angriff nehmen.

Zusatzmaterialien befinden sich auf langlangpianoacademy.com. Diese Lernplattform wird vor allem Technik-affine junge Schüler begeistern.

Das Klavier öffnet mir eine eigene musikalische Welt – es bringt mich an einen Ort jenseits der Realität. Auch Du wirst erleben, wie sich Dein Bewusstsein erweitert und Mitgefühl, Kreativität und Kommunikation verstärkt werden. Du brauchst weder einen Konzertsaal noch einen großen Flügel: Jedes Klavier reicht aus, um Dir die Welt zu Füßen zu legen.

Lektion 1
Geläufigkeits-Training

Kommentar von Lang Lang

Perfekte Kontrolle über alle Finger bei hohem Tempo bedarf einiger Stunden Arbeit. Übe schwierige Stellen zuerst im Rhythmus ♩. ♪ ♩. ♪ und anschließend ♫. ♫., bevor Du sie spielst wie notiert. Wenn Du sie technisch beherrschst, kannst Du die Geschwindigkeit nach und nach erhöhen. Übe alle Stücke dieser Lektion auf diese Weise.

▶ Spiele die für Dich schwierigste Tonleiter in den angegebenen Rhythmen. Beende die Übung stets mit der Tonleiter in gleichmäßigen Notenwerten.

▶ Spiele einige Tonleitern und Arpeggien *forte*, jedoch alle ‚Daumentöne' *piano*. Hast Du das unter Kontrolle – selbst bei schnellem Tempo?

▶ Spiele gelegentlich die Tonleitern mit jeder Hand einzeln und achte genau auf einen gleichmäßigen Klang.

Warm-up in c-Moll

Tipp von Lang Lang

Geläufigkeit erfordert eine Mischung aus Kraft und Koordination. Um sie zu verbessern, musst Du intensiv an den Tonleitern und Arpeggien in verschiedenen Rhythmen arbeiten. Weitere Anregungen findest Du auf **langlangpianoacademy.com**.

Präludium in c-Moll

Johann Sebastian Bach
BWV 999

Genieße Bachs herrliche Harmonieverschiebungen, indem Du die Töne eines jeden Taktes als Akkord spielst. So kannst Du auch die Fingerwechsel üben.

Presto
aus der Sonata K. 513

Domenico Scarlatti

Dieser aufregende Satz ist ein gutes Training für beide Hände! Arbeite ausführlich an den Sprüngen, damit sie nicht zu ‚hart' landen. Die Dynamik bestimmst Du selbst.

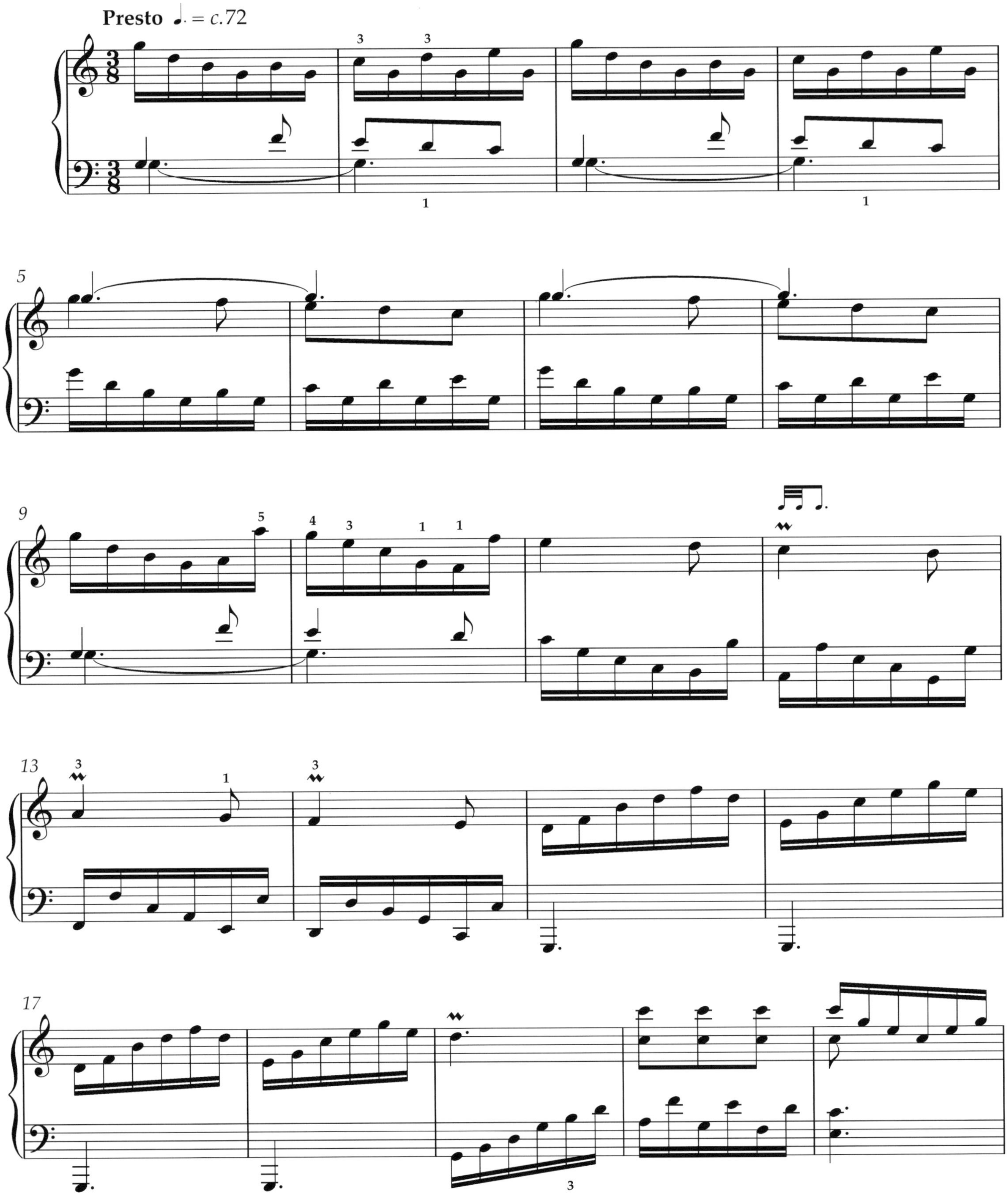

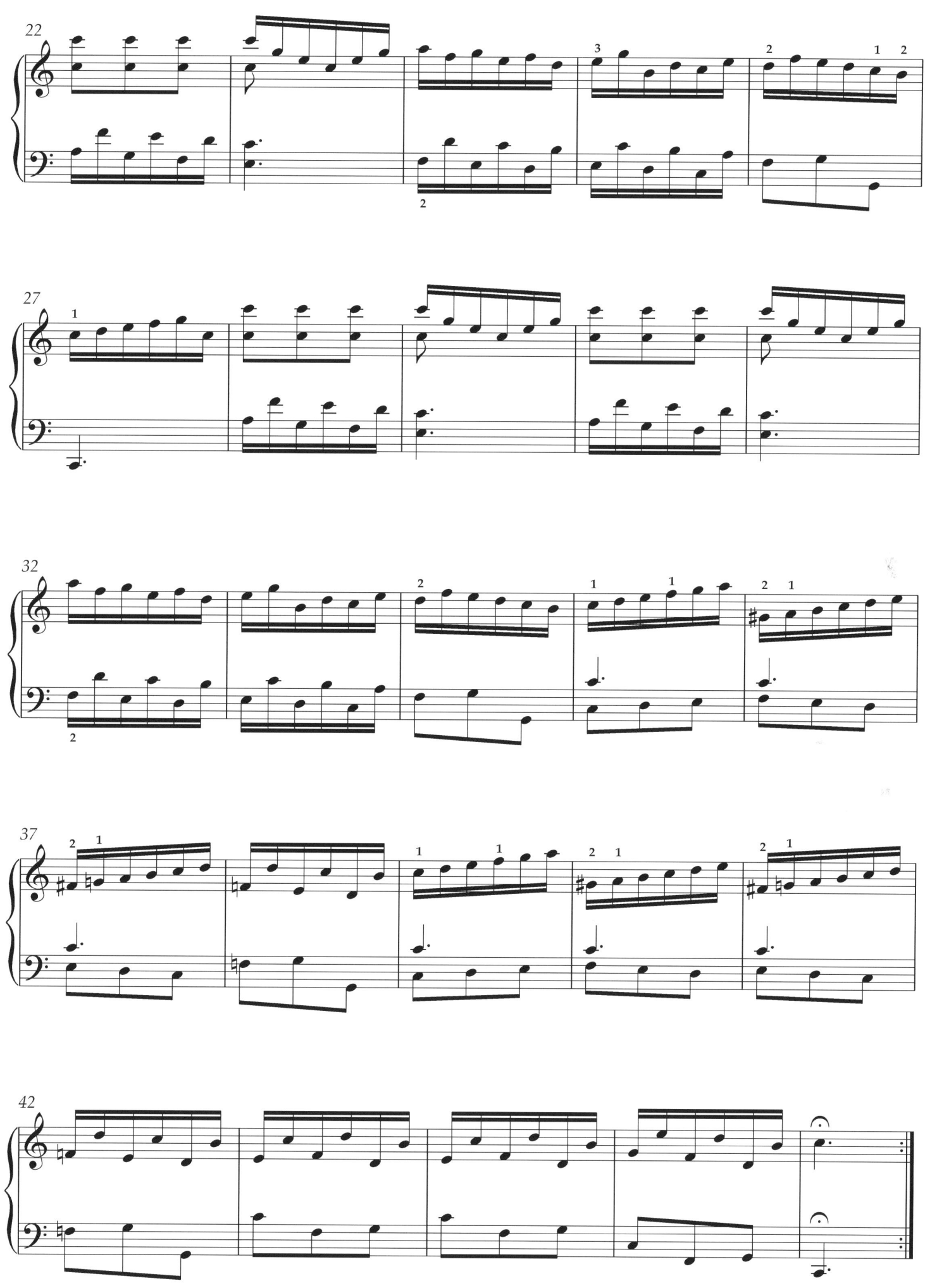

Bagatelle

Ludwig van Beethoven
Op. 119, Nr. 2

Der große Ambitus macht diesen Satz zu einer guten Übung für Geläufigkeit und Koordination. Achte auch bei schnellen und leisen Noten auf einen schönen Klang.

Andante con moto ♩ = 66

Lektion 2: Intuitives Pedalspiel

Kommentar von Lang Lang

Gefühlvolles Pedalspiel muss intuitiv erfolgen – wie die Bedienung des Joysticks bei einem Computerspiel! Schule diesen Instinkt, indem Du aufmerksam hinhörst, wann genau das Pedal bei Harmoniewechseln gelöst und gedrückt werden muss.

Warm-up für Deine Pedalwechsel

▶ Das sind die Anfangsakkorde des Prélude in e-Moll. Diese Übung hilft Dir, Dich mit dem Pedalspiel bei den Harmoniewechseln vertraut zu machen. Das Stück selbst enthält zusätzliche Pedalstellen auf den Tonwechseln der Melodie.

▶ Halte das Pedal einmal absichtlich über mehrere Harmoniewechsel. Das ist, als ob verschiedene Farben ineinander laufen – mit schmutzigem und verwischtem Resultat. Diese Erfahrung hilft Dir, ungenaue Pedalwechsel besser herauszuhören.

Tipp von Lang Lang

Bei vielen Stücken fehlen die Pedalangaben, was nicht heißt, dass es nicht verwendet werden soll! Viele Komponisten setzen ein Gespür für den Einsatz des Pedals voraus. Trau Dich einfach, das Pedal nach eigenem Ermessen einzusetzen.

Prélude in e-Moll

Frédéric Chopin
Op. 28, Nr. 4

Dieses Stück ist ein wunderbares Beispiel für den Einfluss der Pedalwechsel auf die Harmonie. Wenn Du die Akkorde der linken Hand nur soweit anhebst, dass die Hämmer erneut anschlagen, ergibt das eine wunderbar schimmernde Begleitung.

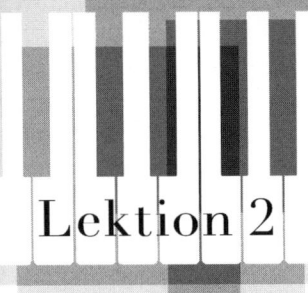

Consolation

Felix Mendelssohn Bartholdy
Op. 30, Nr. 3

Beachte die unterschiedlich langen Pedalabschnitte und teilweise ungenauen Pedalangaben. Kommst Du auch alleine zurecht, wenn Du den Harmonien folgst?

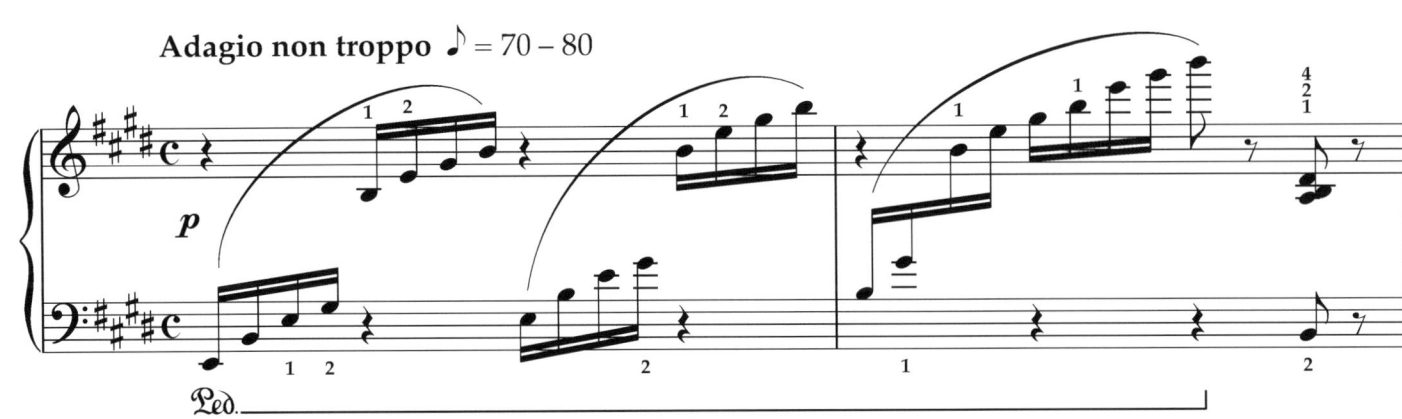

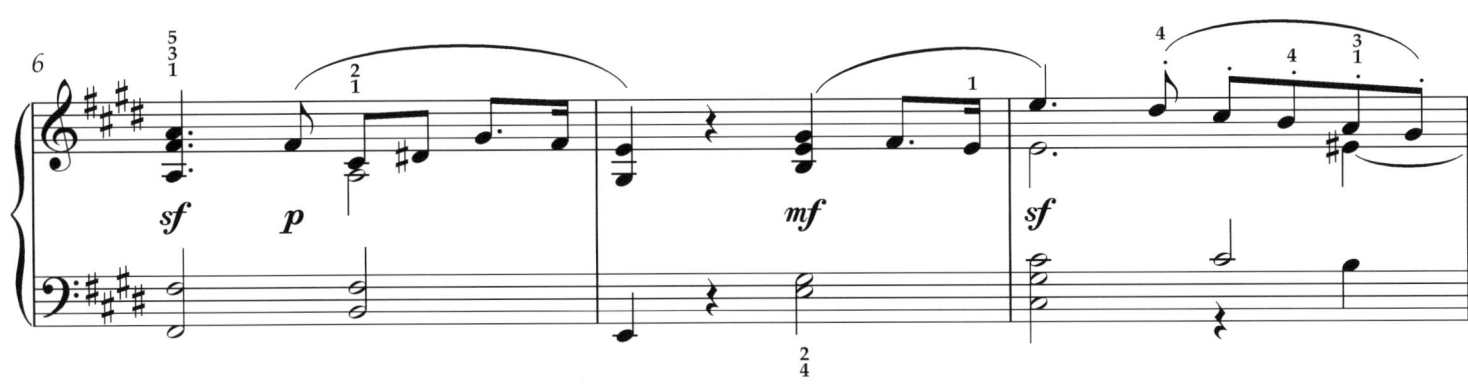

The Little Shepherd
aus *Children's Corner*

Claude Debussy

Dieses wunderschöne Stück bietet einen guten Einstieg in Debussys Werke.
Bei den Temposchwankungen muss sehr sorgfältig mit dem Pedal gearbeitet werden.

Lektion 3
Den Anschlag verbessern

Kommentar von Lang Lang

Pianistenhände sind wie kleine Ensembles und müssen multitaskingfähig sein. Mal darf ein Finger brillieren, mal muss er sich als ‚Begleitfinger' zurückhalten (besonders die starken Daumen). Höre in dieser Lektion genau hin, ob der Anschlag der ‚Solo'- und ‚Begleitfinger' im Gleichgewicht ist. Denk daran: Wenn Du Dich auf die Melodiefinger konzentrierst, führt das automatisch zu einem leicht betonten Anschlag.

Warm-up 1 *Arietta – Anfang der rechten Hand*

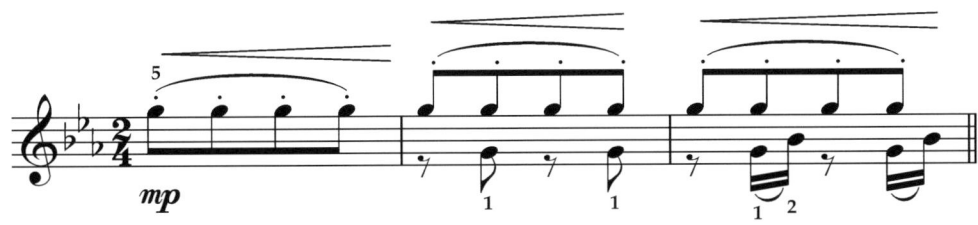

▶ Höre auf die hohen Gs und verlagere das Gewicht auf diese Noten.

Warm-up 2 *Arietta – Anfang der linken Hand*

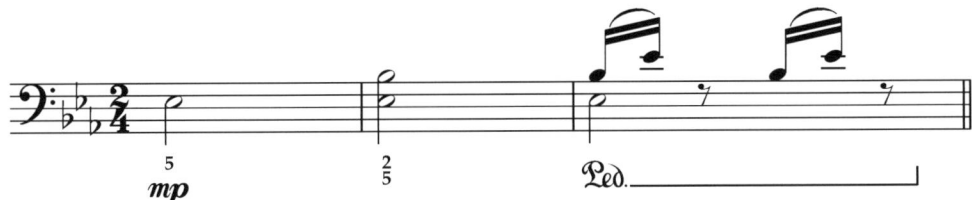

▶ Halte Deine linke Hand etwas gekippt, damit die es-Noten mehr Gewicht haben.

Kleiner Versuch!

▶ Nimm Dich selbst beim Spielen eines der folgenden Stücke auf und höre Dir den Vortrag anschließend an. Wie war die Gewichtung Deiner Hände? Ist die Melodie so gut zu hören, wie Du es Dir vorgestellt hast?

▶ Spiele einen Ausschnitt eines der folgenden Stücke und betone dabei absichtlich eine andere Stimme als die Melodie. Wie klingt das? Spiele es noch einmal korrekt.

Süß war die Melodie

Daniel Gottlob Türk

Bereits vor über 200 Jahren lernten Schüler hiermit einen singenden Anschlag.
Die Verzierungen dürfen nicht hervorstechen und den Melodiebogen unterbrechen.

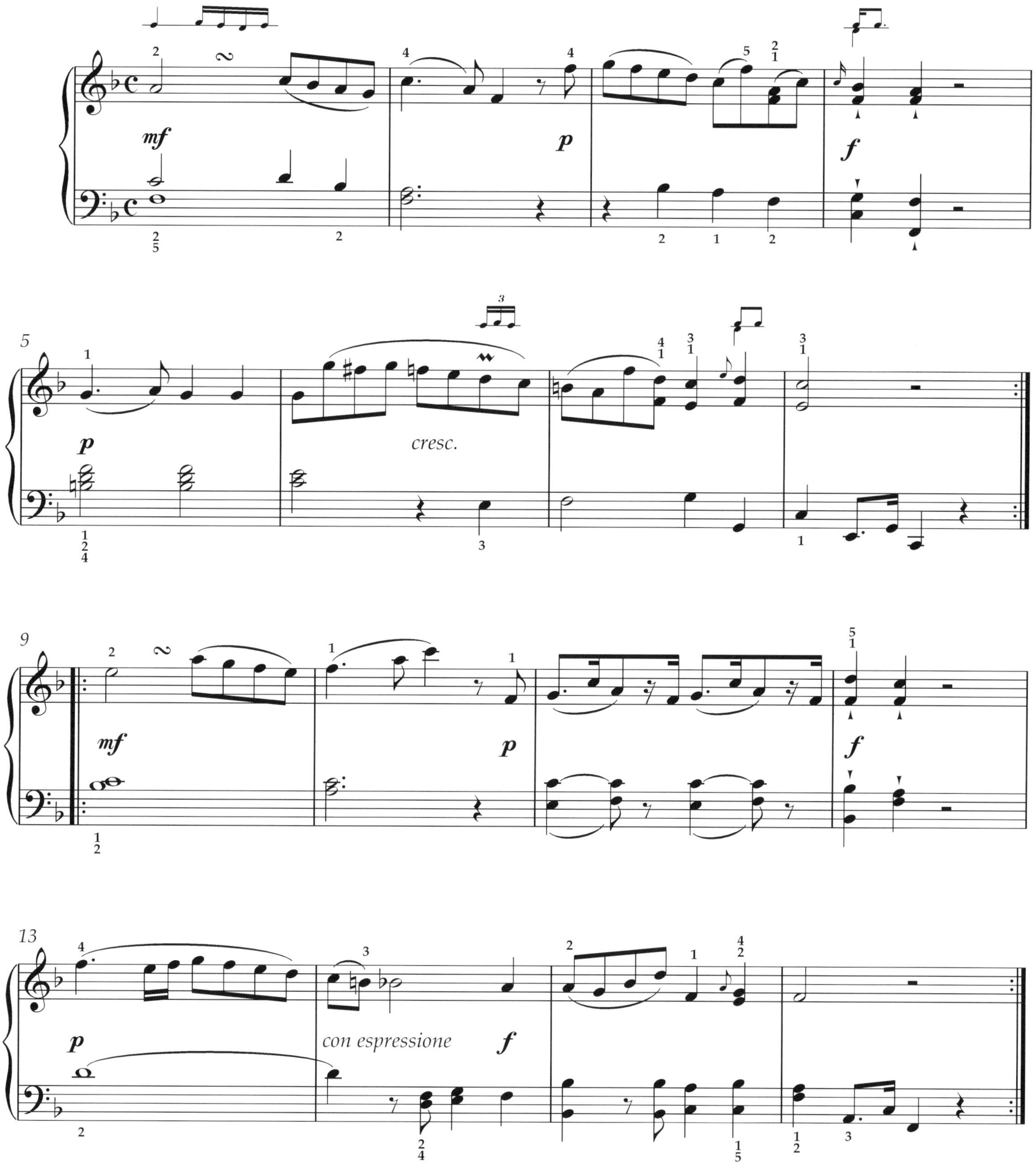

Summertime
aus *Porgy and Bess*

Musik: George Gershwin
Text: DuBose Heyward, Ira Gershwin
Bearbeitet von John Kember

Höre Dir das Original an, um ein Gefühl für die Melodie und die ‚lässigen' Akkorde der linken Hand zu bekommen. Die Rechte spielt gleichzeitig Melodie und Begleitung.

Arietta

Edvard Grieg

Die Melodie dieses wehmütigen Lieds wird von den schwächsten Fingern der rechten Hand gespielt; nimm die Arpeggien der Mittelstimme zurück. Halte Deine Hände konstant über den schwarzen Tasten und füge musikalische Atempausen ein.

Phrasieren und Rubato

Kommentar von Lang Lang

Im Gespräch setzen wir Phrasierung, Betonung und rubatoartiges Zögern ein, um den Sinn der Aussage zu unterstreichen. Genauso ist es beim Musizieren. Bereits die kleinste Klangänderung kann den Unterschied ausmachen zwischen einem warmen musikalischen Vortrag und einer sinnlosen Aneinanderreihung von Tönen.

Warm-up 1 für die *Etüde in As-Dur*

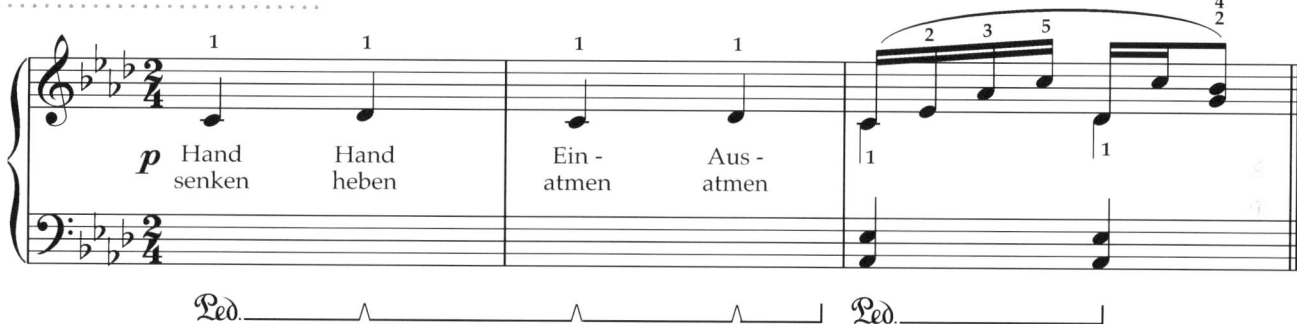

▶ Der Schwerpunkt liegt auf den mit dem Daumen gespielten Melodietönen.
▶ Lasse Deine Hand auf- und abwärts gleiten und atme mit der Phrase.

Warm-up 2 für die *Nocturne in d-Moll*

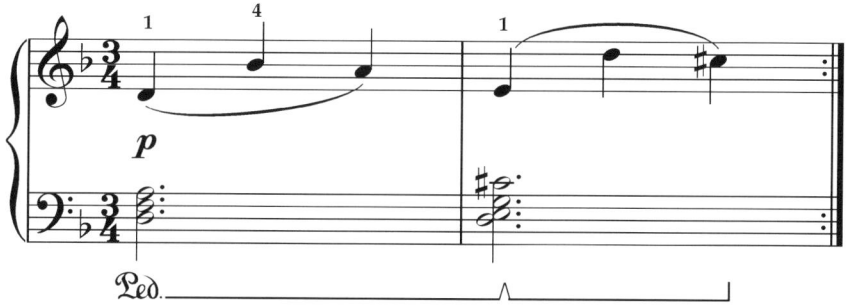

▶ Spiele diese Töne mit ausgeprägtem cantabile-Anschlag.
▶ Dies sind besonders wichtige Töne innerhalb der Anfangsmelodie von Fields *Nocturne*, die einen besonderen Klang brauchen.

Kleiner Versuch!

▶ Spiele eines der folgenden Stücke streng im Metrum und ohne Ausdruck.
Wie klingt das? Dann spiele es noch einmal, doch diesmal so, wie Du es geübt hast: mit Phrasierungen, Rubato und Ausdruck – was für ein Unterschied!

Etüde in As-Dur

Stephen Heller
Op. 47, Nr. 23

Bei diesem ausdrucksstarken Stück sollten gleiche Takte unterschiedlich phrasiert werden, wo es die Musik erfordert. Übertreibe das Rubato nicht und atme mit der Musik.

Miniatur in d-Moll

Aleksandr Gedike
Op. 8, Nr. 2

Hier liegt die Melodie in der Linken, die Rechte muss begleiten! Arbeite an der Phrasierung und behalte auch beim Übersetzen der Hände stets den gewünschten Klang bei.

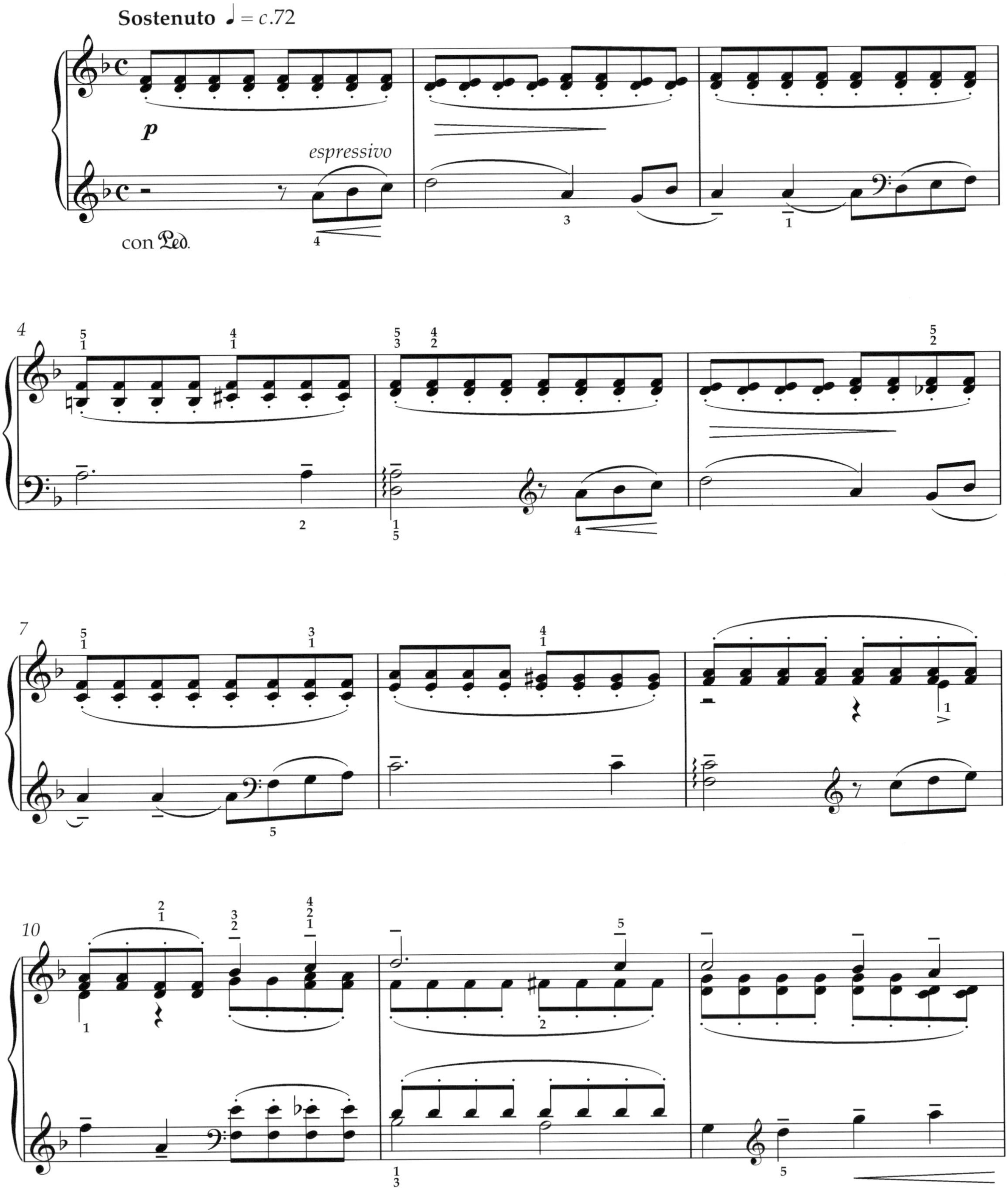

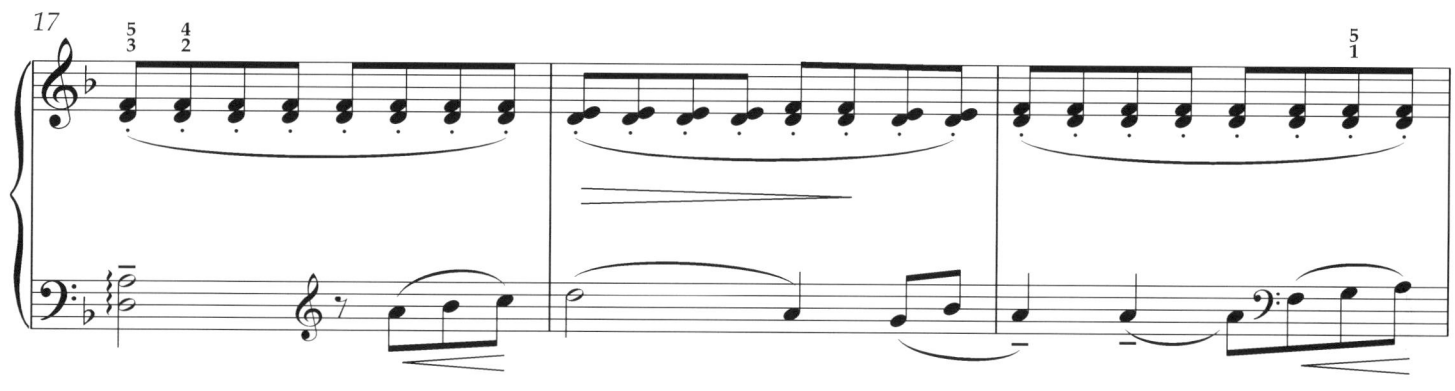
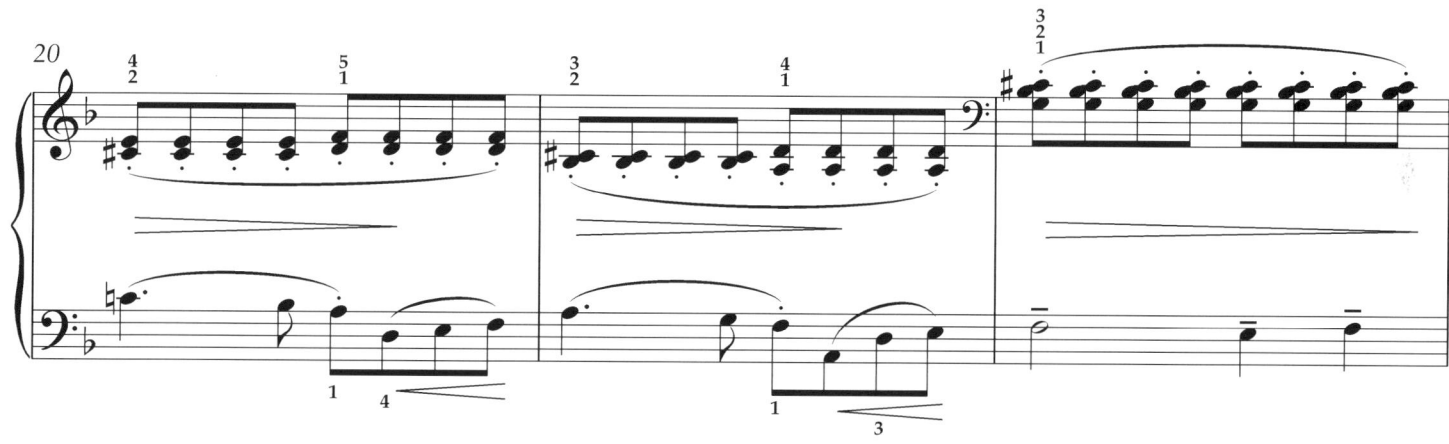

rall. al fine

Nocturne in d-Moll

John Field

Da Field bei seinem Stück keine Phrasierung notiert hat, liegt diese Aufgabe bei Dir.
Denke an das ‚Lento plaintivo' des Anfangs- und Schlussteils und bemühe Dich,
den Wechsel von Moll nach Dur in Takt 59 überzeugend zu vermitteln.

Charakter

Kommentar von Lang Lang

Diese Lektion fordert vom Klavier alles, was es an Ausdruck und Kraft zu bieten hat. Du wirst mit der Musik Bilder malen – gestalte sie so farbig und ausdrucksstark wie möglich. Die beiden Bilder auf S. 3 vermitteln für mich genau die Stimmung und Atmosphäre von *Der Sturm* und *Herbstblätter*. Vielleicht inspirieren sie Dich auch.

Warm-up für *Der Sturm*

Wiederhole das so lange, bis die Oktaven der rechten Hand wie ein Windstoß während eines Sturms klingen!

Kleiner Versuch!

▶ Stell Dir vor, Du würdest diese Stücke einem Freund vorspielen, um ihm damit etwas zu sagen. Was würde jedes Stück wohl erzählen?

▶ Male zu jedem Stück ein Bild (oder suche eines im Internet), während Du es lernst.

Tipp von Lang Lang

Vergiss nicht, dass bereits die kleinste Abweichung beim Anschlag oder der Tondauer die Aussage der Musik verändern kann.

Der Sturm
L'orage

Friedrich Burgmüller
Op. 109, Nr. 13

Eine perfekte Übung für Gestaltung und Ausdruck: Spüre den Wind, grollenden Donner, Blitz, Regen und schließlich die Sonne, begleitet von ein paar letzten Regentropfen.

Eine Träne
Une larme

Modest Mussorgski

Der traurige Mollteil zu Beginn bereitet den Weg für das G-Dur mit lebhafter linker Hand. Denke Dir zu diesem Wechsel eine Geschichte aus. Warum kehrt die Musik wohl schließlich nach Moll zurück – und endet mit hoffnungsvollem Dur-Akkord?

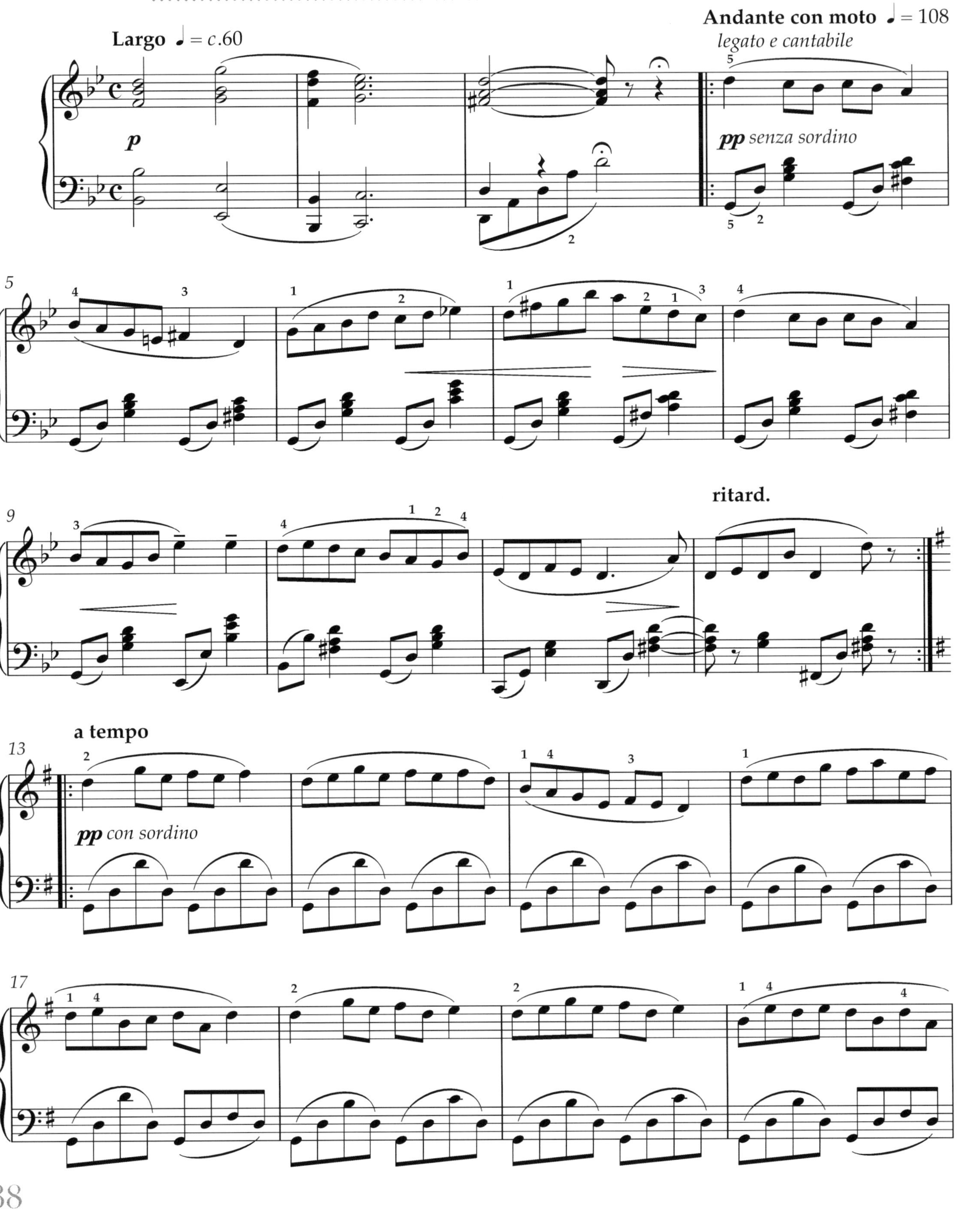

Herbstblätter
Feuilles d'automne

Wladimir Rebikow
Op. 29, Nr. 3

Die Blätter flattern im Wind, bis sie schließlich vom Baum fallen. Achte auf saubere, schnelle Pedalwechsel, damit die Melodie deutlich und klar bleibt. Halte den Grundpuls konstant, vor allem beim Wechsel zwischen Achtelnoten und Triolen.

Verzierungen

Kommentar von Lang Lang

Verzierungen sollen die Musik verschönern und müssen so lange geübt werden, bis sie mühelos klingen. Der richtige Fingersatz ist der Schlüssel für einen sauberen Klang: Experimentiere so lange, bis Du den für Dich optimalen Fingersatz für jede Art von Verzierung gefunden hast, und behalte ihn dann für immer bei. Übe ein neues Stück immer zuerst ohne Verzierungen – Melodie und Rhythmus sind ohne die zusätzlichen Töne besser verständlich.

Warm-up zum Kennenlernen der Verzierungen

▶ Triller (*tr*) und Doppelschlag (∽) sind ausnotiert, damit Du siehst, wie sie auf die Begleitung passen. Vorschläge (♪) sollten auf den Schlag und so kurz wie möglich gespielt werden – sie stoßen den folgenden Ton buchstäblich an.

▶ Das sind ausnotierte Mordente (↯). Übe vor allem saubere Fingerwechsel.

Etüde

Carl Czerny
Op. 139, Nr. 34

Studiere dieses Stück zuerst ohne Verzierungen ein und übe dann jede Verzierung einzeln, bis sie ganz genau mit der linken Hand zusammenpasst.

Menuett in F-Dur

Johann Christoph Friedrich Bach

Dieses elegante Menuett mit Trio wirkt schwungvoller, wenn die punktierten Rhythmen eher geswingt statt punktiert gespielt werden. Übe die raschen Fingerwechsel der rechten Hand.

The Fall of the Leafe
Der Fall des Blattes

Martin Peerson

Im 17. Jahrhundert besaßen Tasteninstrumente einen weicheren Anschlag, sodass Verzierungen schneller gespielt werden konnten. Denk an die Mordente in den Mittelstimmen beider Hände und überlege Dir eine passende Dynamik.

Interpretation und Stil

Kommentar von Lang Lang

Ein guter Pianist hört nie auf zu lernen und zu entdecken. Wir sollten die richtige Spielweise für alle Stilrichtungen kennen und stets in der Lage sein, alles, was wir spielen, mit Sinn zu erfüllen, damit auch der Zuhörer die Musik verstehen kann. Daher ist es hilfreich, so viel wie möglich über die Epoche und den Komponisten eines jeden Stückes in Erfahrung zu bringen.

Warm-up für die *Nocturne*

- Benjamin Britten war ein äußerst produktiver britischer Komponist des 20. Jahrhunderts. Die *Nocturne* stammt aus der *Sonatina Romantica*, entstanden 1940 im Alter von 26 Jahren.
- *Sempre legato e bisbigliando* bedeutet ‚immer ruhig und flüsternd'.
- In diesem Band gibt es zwei *Nocturnes*. Finde alles Wissenswerte über Nocturnes heraus – wann sie entstanden und wie sie gespielt werden sollten.

Warm-up für das *Inanay Lullaby*

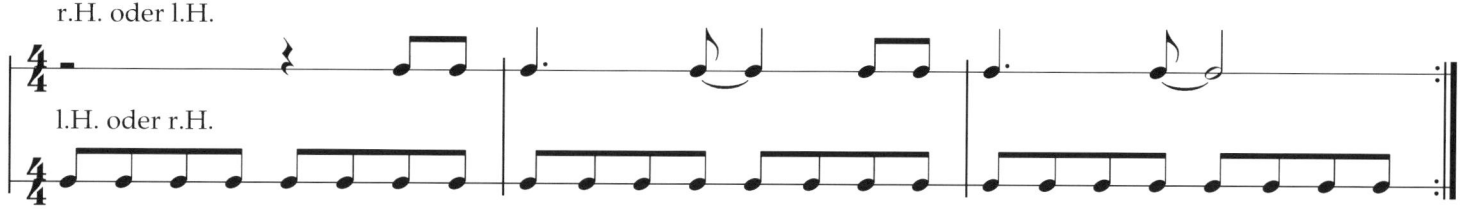

- Dieser Anfangsrhythmus zieht sich durch das ganze Stück – klopfe ihn erst wie notiert und anschließend mit überkreuzten Händen.
- Dieses Stück ist inspiriert von einem Kinderlied der australischen Aborigines. Höre Dir einige Stücke der Aborigines an, um ein Gefühl für den Stil zu entwickeln.

Fünf lustige Variationen
über ein russisches Volkslied

Dmitri Kabalewski
Op. 51 (2. Band), Nr. 1

Ich habe dieses Stück ausgewählt, weil jede Variation mit eigenem Charakter gespielt werden muss, obwohl allen das gleiche russische Lied zugrunde liegt.

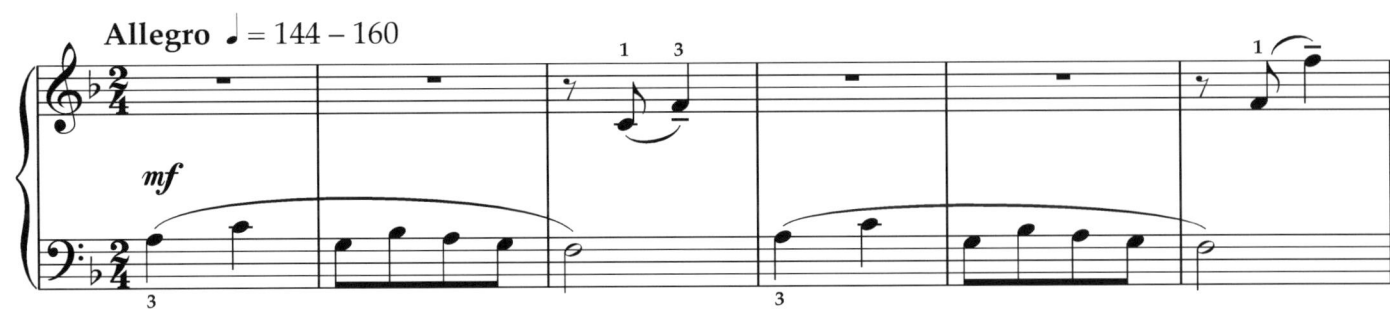

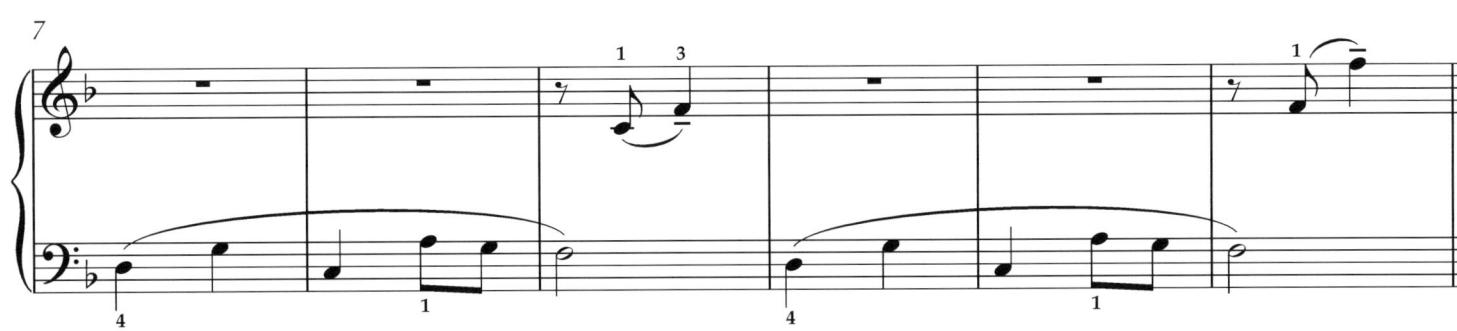

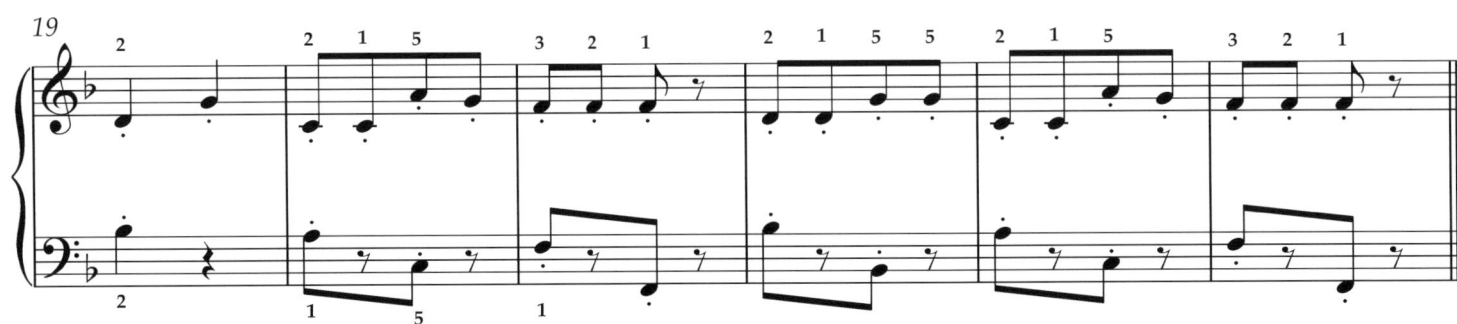

© 1952 Boosey & Hawkes Music Publishers Ltd. • Reproduced by permission of Boosey & Hawkes Music Publishers Ltd.
All Rights Reserved.

Nocturne
aus der *Sonatina Romantica*

Benjamin Britten

Brittens *Nocturne* sollte durchgehend ruhig und nachdenklich klingen. Genieße die dramatischen dynamischen Kontraste, die Verwendung des tiefsten Klaviertons überhaupt und die kraftvollen und zugleich fließenden Oktaven der rechten Hand.

© 1986 by Faber Music Ltd
All rights reserved

Inanay Lullaby
Wiegenlied

Alan Bullard
Inspiriert von einem Lied der Aborigines

Beachte die verschiedenen Stimmungen und Spieltechniken dieses ausdrucksvollen Stückes und widme Dich intensiv den rhythmischen und harmonischen Herausforderungen.

Lektion 8: Vor Publikum spielen

Kommentar von Lang Lang

Die meisten Pianisten beherrschen alle Töne – doch zu einem guten Vortrag gehört vor allem, dem Publikum etwas zu vermitteln. Musizieren bedeutet Kommunikation – mit Körper, Geist und vollem Engagement.

Ich lernte das Spielen vor Publikum zuhause bei Familienkonzerten. Diese vertraute Umgebung gab mir das Selbstvertrauen, das ich später auf die Konzerthalle übertragen konnte: „Ich weiß, was zu tun ist und es geht mir gut." Stell Dir beim Spielen zuhause die Bühne eines Konzertsaals vor – der Klang Deines Spiels muss den ganzen Raum erfüllen. Können auch die Leute ganz hinten verstehen, was Deine Musik aussagen will? Spiele nie, als wärst Du in einem winzigen Raum.

Der Schlussakkord

Bleibe beim Schlussakkord oder der letzten Note eines Stücks so lange vertieft und konzentriert, bis Du wirklich bereit bist, die Energie zu lösen. Auf diese Weise kannst Du auch steuern, wann der Beifall beginnen soll!

Meine Tipps

- Es ist sehr hilfreich, Dich während des musikalischen Vortrags aufzunehmen – so kannst Du hören, ob die von Dir gewünschte Stimmung wirklich wahrnehmbar ist.
- Beachte immer, dass erfahrene Juroren hören können, was Du denkst und fühlst. Sei also bei einem Vorspiel immer hundertprozentig vorbereitet und voll bei der Sache.
- Finde Deinen eigenen Weg, Dich auf ein Vorspiel vorzubereiten, und bleibe dabei.
- Stell Dir das Publikum als Freunde vor, die darauf warten, Deine Geschichte zu hören. Vermittle ihnen Freude und Wärme, dann erhältst Du sie auch zurück.

Begleiten

In meiner Jugend lud meine Familie oft andere Studenten zur Kammermusik ein. So durfte ich mit Geigern, Cellisten und sogar chinesischen Instrumenten wie der Erhu meines Vaters musizieren. Bald wirst Du merken, dass gute Begleiter sehr gefragt sind. Man muss in der Lage sein, Noten schnell zu erfassen und den eigenen Part perfekt beherrschen, um ganz für die Solisten da zu sein, was auch immer sie tun.

Rhapsodie
aus *Für Kinder*

Béla Bartók
Sz 42, Vol. II, Nr. 36-37

Hier kommen vier verschiedene Vorzeichnungen sowie diverse Vortragsangaben vor, sogar: *„senza espressione"*! Für einen lebendigen Vortrag ist eine präzise Vorbereitung erforderlich.

Fantasie in d-Moll

Wolfgang Amadeus Mozart
KV 397

Lektion 8

Es ist nun Zeit zu zeigen, was Du gelernt hast: Mozarts unglaubliche Fantasie wird Dir alles abverlangen, was ich Dir in diesem Band beigebracht habe. Die Musik sollte eher improvisiert klingen, ohne einen Hinweis darauf, wie viel Arbeit darin steckt.

61

Englische Originalausgabe: © 2014 by Faber Music Ltd and Lang Lang.
All rights administered worldwide by Faber Music Ltd.
This edition © 2014 by Faber Music Ltd and Lang Lang.
All rights administered worldwide by Faber Music Ltd.
Published by Faber Music Ltd and Peters Edition Ltd, London.

ISBN 978-0-571-53895-9

Übersetzung: Evmary Pfündl-Frittrang
Umschlaggestaltung und Seitenlayout: Chloë Alexander Design
Notensatz: Jeanne Roberts
Photos: Rhys Frampton
Druck: Caligraving Ltd, England
Alle Rechte vorbehalten · All rights reserved
Vervielfältigungen jeglicher Art sind gesetzlich verboten.
Any unauthorized reproduction is prohibited by law.

www.editionpeters.com
vertrieb@editionpeters.com
www.fabermusic.com
sales@fabermusic.com

Lang Lang: worldwide management – Jean-Jacques Cesbron,
CAMI Music, New York (www.camimusic.com)
Lang Lang: UK/Ireland management – Steve Abott,
Rainbow City Broadcasting Ltd (www.rainbowcity.co)

Lang Lang ist als Interpret exklusiv bei Sony Classical unter Vertrag.

Zuletzt veröffentlichte Alben:
Lang Lang: Live in Vienna
Lang Lang: The Chopin Album
Lang Lang/Simon Rattle: Prokofiev 3 Bartók 2
Lang Lang: Liszt My Piano Hero

Bravo, Du hast Level 5 vollständig durchgearbeitet!
Kennst Du schon die anderen Bände meiner Reihe?

Level 1 (sehr leicht)
EPF2003-1 • ISBN 978-0-571-53891-1

Level 2 (leicht)
EPF2003-2 • ISBN 978-0-571-53892-8

Level 3 (leicht bis mittelschwer)
EPF2003-3 • ISBN 978-0-571-53893-5

Level 4 (mittelschwer)
EPF2003-4 • ISBN 978-0-571-53894-2

Um Ausgaben von Faber Music zu erwerben oder nähere Informationen zu unserem Katalog zu erhalten, kontaktieren Sie bitte Ihre Musikalienhandlung vor Ort oder:

Faber Music Ltd, Burnt Mill, Elizabeth Way, Harlow CM20 2HX
Tel: +44 (0) 1279 828982
Fax: +44 (0) 1279 828983
E-Mail: sales@fabermusic.com
fabermusicstore.com

C. F. Peters Ltd & Co. KG, Talstraße 10, D-04103 Leipzig
Tel.: +49 (0) 341 / 98 97 92 - 10
Fax: +49 (0) 341 / 98 97 92 - 54
E-Mail: vertrieb@editionpeters.com
www.edition-peters.de